MONOGRAPHIES PARISIENNES.

LE CHARNIER

DE L'ANCIEN CIMETIÈRE

SAINT-PAUL

ÉTUDE HISTORIQUE

PAR

L'ABBÉ Valentin DUFOUR

DU CLERGÉ DE PARIS.

J'aimai mieux mon pays dès que j'en sus l'histoire.

PARIS

REVUE UNIVERSELLE DES ARTS

1866

Tiré à deux cents exemplaires

N° 171

Paris.—Imprimerie Bonaventure et Ducessois, 55, quai des Augustins.

A Monsieur le Baron Ch. POISSON

Ancien officier d'artillerie,
Membre du Conseil municipal de Paris.

Hommage affectueux

de son tout dévoué

L'abbé Valentin DUFOUR.

MONOGRAPHIES PARISIENNES

LES CHARNIERS

DES ÉGLISES DE PARIS.

I

LE CHARNIER

DE

L'ANCIEN CIMETIÈRE SAINT-PAUL.

RECHERCHES
HISTORIQUES ET CRITIQUES
sur
CE MONUMENT, SON ORIGINE,
SON ÉTENDUE, LES GRANDS PERSONNAGES QUI Y FURENT INHUMÉS
A DIFFÉRENTES ÉPOQUES

D'APRÈS LES HISTORIENS DE PARIS
et des documents inédits,

AVEC DEUX PLANCHES.

1866.

AU LECTEUR.

Une esquisse de ce mémoire, qui était alors moins étendu et moins complet qu'il ne l'est aujourd'hui, et qui ne renfermait pas encore les pièces de l'Appendice, fut adressée, avec des plans très-détaillés, au Comité d'archéologie près le ministère de l'instruction publique, dans les premiers mois de l'année dernière. Le comité accueillit favorablement cet envoi et chargea un de ses membres, M. *Albert Lenoir*, de lui faire un rapport sur le mémoire de M. l'abbé Dufour.

M. *Albert Lenoir*, que ses occupations comme secrétaire perpétuel de l'École impériale des beaux-arts tinrent quelque temps éloigné des séances du comité, ne put y présenter aussi promptement qu'il l'aurait voulu, le rapport qui lui avait été demandé par le comité. Ce n'est que dans sa séance du mois de février dernier que le comité a entendu la lecture de cet excellent rapport qui concluait à l'impression du mémoire de M. l'abbé Dufour, dans la *Revue des Sociétés savantes*, si le mémoire n'eût pas été déjà imprimé, avec beaucoup d'augmentations, dans la *Revue universelle des arts*. M. l'abbé Dufour eût été heureux de profiter de la flatteuse distinction que le savant rapporteur proposait d'accorder à ce travail qu'il a bien voulu honorer de ses éloges et de ses encouragements.

P. LACROIX,
membre du comité d'archéologie.

I.

LE CHARNIER

DE

L'ANCIEN CIMETIÈRE SAINT-PAUL.

L'esquisse historique qu'on va lire fait partie d'une série d'études sur le *Vieux Paris*, le Paris qui s'en va, le Paris qui n'est plus. Quoiqu'elle intéresse surtout l'historien et l'archéologue, elle n'est pas déplacée dans la *Revue Universelle des Arts*. Très-souvent, pour honorer ceux qui leur furent chers, pour perpétuer leur souvenir après leur mort, nos ancêtres invoquèrent le secours des arts du dessin : l'architecture, la statuaire, la peinture furent employées à cet usage. Pour n'en citer qu'une preuve, dans la *Statistique monumentale de Paris* de M. *Albert Lenoir*, les planches les plus belles, celles pour lesquelles on a eu recours à la chromolithographie, représentent presque exclusivement des monuments funéraires.

Il y a quelques mois, après une visite faite en commun dans un coin bien ignoré de l'ancien Paris, MM. le baron *Poisson*, *Paul Lacroix* et *Jules Cousin* pensèrent que les restes du monument qu'ils avaient sous les yeux méritaient, avant de disparaître, bientôt peut-être entièrement, un souvenir. C'est le fruit des recherches entreprises pour satisfaire ce vœu, auquel M. le Directeur de la *Revue Universelle des Arts* a bien voulu offrir l'hospitalité dans son recueil. Simple note d'abord, ce travail a pris des proportions après de nouvelles recherches. La publicité, en provoquant la critique, fera découvrir peut-être de nouvelles sources d'études, des documents inconnus. C'est ce qui a décidé à le laisser imprimer, regrettant les lacunes qui s'y trouvent et que les dessins qui accompagnent le texte ne fussent pas, malgré le talent de l'artiste, à cause de leur simplicité, plus en rapport avec les autres illustrations de la *Revue Universelle des Arts.*

Ce serait une étude intéressante, non moins qu'instructive, s'il était possible d'en réunir les éléments, de retracer l'histoire des diverses localités qui, successivement ou simultanément, ont servi de lieu de sépulture aux habitants de cette immense cité, qui, chaque jour, reculant ses barrières, chaque jour aussi est forcée de changer ses stations mortuaires, sans oublier de rappeler sommairement les noms et la vie de ceux qui y reposent en attendant le grand jour de l'Éternité.

Entre tous, à cause de son antiquité et aussi de sa grandeur, il faut mentionner le cimetière de l'ancienne église paroissiale et royale de *Saint-Paul-hors-des-Murs*, ou de *Saint-Paul-des-Champs*, fermé à la fin du siècle dernier, comme pour présager à la royauté son naufrage, après avoir été le compagnon de sa jeunesse et le témoin de ses splendeurs.

En 632, saint Éloi ayant fondé dans la Cité un monastère de filles nobles, le mit sous la conduite de sainte Aure, qui appartenait elle-même à une famille distinguée de Paris, et vers 640, il fit choix d'un emplacement dans la campagne, pour servir de cimetière à cette communauté, qui renfermait déjà plus de trois cents religieuses. La chapelle qu'on y bâtit, selon l'usage, fut dédiée à saint Paul, apôtre. L'abbé Lebeuf a pensé que le titulaire en devait être saint Paul, premier ermite. Les preuves qu'il donne à l'appui de son sentiment ne semblent pas péremptoires, mais plutôt spécieuses que réelles (1).

(1) Voir Lebeuf, *Hist. de la ville et de tout le diocèse de Paris*, t. II, p. 518.

« *Son opinion est d'ailleurs contraire à la tradition et aux monuments historiques qui en font mention,* » dit Jaillot (1).

En effet, on voyait dans la nef, et depuis dans le chœur de l'église, contre la porte à côté de l'autel, une pierre levée avec cette inscription :

> Hic in ultra Sancti Elgii
> Postremo ædificavit Sanctus Eligius
> Basilicam in honore Sancti Pauli ad
> Ancilarum Dei corpora sepelienda quam
> Opperuit plombo cum elegancia in qua quoque
> Beatus Quintinianus jacet abbas humatus.
> Et resigna vide in annalibus sanctus
> Patrum (2).

Malgré les fautes qui déparent cette inscription, et à cause d'elles, on peut y trouver un argument de tradition contre l'abbé Lebeuf. Ce qui avait ébranlé le savant académicien, c'étaient des interpolations qu'il avait remarquées à la vie de saint Éloi par saint Ouen, son ami et son contemporain. Nous donnons le texte d'après dom Luc d'Achery (3) :

« *Ædificavit postremo basilicam in honore Sancti Pauli Apostoli ad ancillarum Dei corpora sepelienda, cujus tecta sublimia operuit plumbo cum elegantia, qua in basilica Beatus quoque Quintinianus jacet abbas humatus.* »

Les périodes rimées, les détails d'un tel luxe, supposé qu'il y ait eu addition du copiste, ne suffisent pas pour infirmer la pre-

---

(1) Voir *Recherches hist. et crit. sur la ville de Paris,* tome III, Quartier Saint-Paul, p. 31.

(2) Et plus bas, sur la même tombe, est écrit en vers français :

> Cy dedans gist un bon père ancien,
> Jadis abbé nommé *Quintinien,*
> Lequel est si bien heureux approuvé
> Ainsy qu'on a en saint écrit trouvé ;
> Mais il n'est pas saint encore solemnisez,
> Car on ne sçait s'il est canonisez.
> (*Épitaphes des Églises de Paris,* t. VI, p. 227.)

(3) Spicilége, tom. V, lib. I, c. XVII. Parisiis, 1761.

mière partie du texte, qui nomme saint Paul apôtre et non saint Paul ermite, texte que l'inscription citée plus haut ne fit que copier.

Au xi⁰ siècle, Saint-Paul fut réuni à l'église de Paris; en 1107, il passa avec le monastère de Saint-Éloi, dont il dépendait toujours, à l'abbaye Saint-Maur-des-Fossés. Au commencement du xii⁰ siècle, l'église avait le titre de paroisse ; elle fut rebâtie dans le siècle suivant et depuis encore, lorsque Charles V vint construire sur son territoire son hôtel qui en prit le nom (1).

Joignant le cimetière, et jusqu'à la rue des Lions, était l'hôtel des Abbés de Saint-Maur ; le roi les expropria, comme on dirait aujourd'hui, pour bâtir son *hôtel de la Conciergerie*. A côté de l'église, à l'angle formé par les rues Saint-Antoine et Saint-Paul, se trouvait encore, au siècle dernier, la *Grange Saint-Éloi*, où il y avait une geôle ou prison publique (2).

Dans l'inscription citée plus haut, nous croyons qu'il faut lire *cultra*, abréviation de *cultura*, quoique le mot *ultra* ne puisse se lire différemment ; ce n'est pas d'ailleurs la seule faute qu'on y remarque ; on a pu négliger les signes d'abréviation, ne pas reproduire la première lettre du mot sans doute effacée par le temps ; *ultra* ne donne pas de sens et *cultura* s'explique naturellement, puisque nous voyons dans Lebeuf (3) que le monastère de Saint-Éloi avait dans ces cantons de grandes cultures qui s'étendaient jusque près du pont de Charenton.

Extérieurement, le cimetière, masqué entièrement par les constructions qui l'entourent, se dessine plus nettement à l'intérieur ; on en reconnaît très-bien le périmètre ; on peut juger ce qu'il a pu être à ses diverses périodes. En dernier lieu, il était borné, vers la rue Saint-Paul, par les bâtiments de l'église, dont le chevêt avait été bâti à ses dépens ; les dépendances de l'hôtel Saint-Maur, depuis la *Conciergerie*, lui servaient de limites au midi, comme au nord les bâtiments d'exploitation de la grange

---

(1) Voir Jaillot, *loc. cit.*
(2) Idem, *ibid.*
(3) *Ubi supra.*

Saint-Éloi, le long de la rue Saint-Antoine. Il a dû avoir plus de profondeur sur sa quatrième face, avant la construction de l'hôtel Saint-Paul; de ce côté, la rue du *Beau-Treillis* était très-probablement sa limite. Plus tard, les maisons gagnant en profondeur, il fut restreint forcément; enfin, aux xve et xvie siècles, il acquit sa forme définitive, qu'il a conservée jusqu'à la fin, et que nous allons essayer de déterminer et de décrire d'après les plans, histoires et documents manuscrits.

On se demande pourquoi le cimetière Saint-Paul n'a pas joui, auprès des annalistes de Paris, de la même faveur que celui des Innocents. C'est à peine s'ils en font mention, et encore indirectement. Cependant, si le premier l'emporte par le nombre des générations qui s'y sont accumulées, il ne lui cède en rien pour la qualité de ses hôtes, comme nous le montrerons bientôt, et il peut revendiquer un droit, le seul qu'on ne puisse lui contester, celui de l'ancienneté, comme nous l'avons dit tout à l'heure. D'où vient ce dédain? Du caprice, de la mode, du hasard, bien plus encore de sa position écartée; aussi, peut-être, de ce qu'ils ont dédaigné des matières qu'ils ne croyaient pas devoir plus intéresser leurs petits-neveux, qu'eux-mêmes n'y attachaient de prix. Ce n'est pas à dire que le sujet qui nous occupe soit bien extraordinaire, mais aux derniers venus que reste-t-il à faire, sinon à glaner dans le champ de l'histoire et de l'archéologie ? Nous aurions désiré qu'il présentât au moins à l'artiste quelque chose qui pût attirer les yeux, fixer l'attention. Ici encore les matériaux manquent, ayant été détruits ou négligés. Pour ce qui reste encore, des débris, la matière est commune, les détails monotones. Ce n'est donc pas une découverte proprement dite que nous avons la prétention d'avoir faite à Paris en plein xixe siècle, mais nous avons voulu combler une lacune, réparer un oubli. C'est un reste du passé sur lequel nous venons appeler l'attention, car c'est pour chacun un devoir de recueillir les *miettes de l'histoire*, ce grand miroir où l'humanité peut se voir, s'étudier, où l'individu, à l'aide des enseignements du passé, doit devenir meilleur, tout au moins apprendre à aimer mieux son pays, à mesure qu'il apprend à connaître ceux qui l'ont précédé. Ici, on peut dire qu'il n'y a qu'à entr'ouvrir la terre, fécondée par la cendre de nos aïeux, pour voir apparaître leurs ossements et pour que leur souvenir soit encore un enseignement pour leurs descendants.

Ayant été longtemps embarrassé pour retrouver parmi les constructions plus ou moins récentes, au milieu desquelles ils sont confondus, les restes du *charnier* de l'ancien cimetière Saint-Paul, nous avons cru devoir joindre à cette notice, pour en faciliter l'intelligence, un plan d'ensemble de ce genre de construction (1), avec l'élévation (2) et le tracé (3) d'une partie des charniers.

On arrivait dans le cimetière par deux entrées, directement par le passage Saint-Pierre (rue Saint-Antoine, 164) A et par les dépendances de l'église, on atteignait l'entrée des charniers, qui, prolongée maintenant, continue aujourd'hui le passage A et a son issue rue Saint-Paul, 34. Les deux branches du passage se réunissent à angle droit devant la grille B, contemporaine des charniers, et encore existante. En entrant par la rue Saint-Antoine, on passait sous une porte voûtée C, formant vestibule devant la grille. Si l'on pénétrait par l'autre issue, on trouvait, au niveau de la rue Saint-Paul, une première porte cochère qui donnait accès dans une cour D, bornée au nord par les bâtiments où logeaient les prêtres et officiers de l'église (4), et au midi par les murs de l'église, remplacée aujourd'hui dans la rue Saint-Paul par la maison portant le numéro 32, à l'endroit où s'élevait le portail E; dans le passage, l'école communale E' a été bâtie sur l'emplacement du chevet de l'église, qui avait de ce côté une porte de service, permettant de passer dans cette cour pour entrer dans le charnier et dans le cimetière. A cet endroit, on trouvait dans l'axe de la première porte une seconde à cintre surbaissé, avec voûte en arête F; le reste du passage jusqu'à la grille est voûté à plein cintre et lambrissé en sapin qui n'a reçu

(1) Voir planche 1, fig. 1.
(2) Ibid., fig. 2.
(3) Ibid., fig. 3.
(4) Voir, appendice F, les inscriptions qui s'y trouvaient gravées autrefois.

ni enduit ni peinture F'. En G, était l'entrée particulière du charnier; on avait à sa droite la grille d'entrée du cimetière, à gauche le passage conduisant à la rue Saint-Antoine. Derrière la grille se trouvait un puits J, à margelle basse et solidement construit. Il existe encore et n'est mentionné sur aucun plan de Paris. La partie F F' était comme le vestibule des charniers; elle est couverte de constructions dont le style semble indiquer la fin du XVIe siècle, ou mieux le commencement du XVIIe.

Avant de nous engager dans le charnier, il faut remarquer en I un contre-fort ou éperon triangulaire destiné à contre-balancer la charge des bâtiments ou la poussée du mur méridional de ce bras du charnier, qui se terminait brusquement en cet endroit, l'autre ayant pour appui une série de bâtiments formant retour d'équerre jusqu'à la rue Saint-Paul. Après avoir franchi la grille, on trouvait une allée d'arbres qui coupait le cimetière en diagonale L. Quelle en était l'essence? Rien ne nous a mis à même de décider la question, assez indifférente en elle-même ; mais, ayant bientôt à rappeler une tradition locale qui place le lieu de la sépulture de Rabelais sous un noyer, nous nous sommes demandé si l'allée était formée par ces arbres, qu'on ne rencontre pas ordinairement dans les cimetières, ceux des villes surtout. Les charniers, dont l'entrée principale était en G, à côté de la grille du cimetière, entouraient celui-ci sur trois de ses côtés, le quatrième étant formé par le chevet de l'église, et probablement il se trouvait une porte de communication en face de la grille. Remarquons aussi que les deux issues du passage Saint-Pierre étaient fermées par des poteaux, pour empêcher les voitures et les animaux domestiques d'y entrer ; les voûtes étaient élevées, le passage étroit, mais suffisant pour le service, à une époque où l'on ne portait ordinairement les morts que sur des brancards et où les chars, quand on s'en servait, ne devaient pas pénétrer dans les cimetières ; mais, par contre-coup, il fallait des voûtes exhaussées pour laisser circuler librement les croix et bannières des confréries, accessoire obligé de toute inhumation décente.

Nous avons vainement cherché dans les anciens historiens de

Paris quelques renseignements sur les monuments qui se trouvaient dans le cimetière et les charniers; les plans ne nous ont pas été d'une grande utilité. S'ils sont antérieurs au xviie siècle, ils sont incomplets; depuis cette époque, ils sont ou trop sommaires ou peu exacts dans les détails. Pour ne citer que ceux de Gomboust (1649-1652), de Jaillot (1773) et de Turgot (1739), il suffit de les mettre en regard pour voir qu'ils diffèrent, non-seulement dans les détails, mais encore dans l'ensemble, et qu'on ne peut tirer de leur étude comparée que bien peu de lumières, quand on manque de plans particuliers. La circonscription de l'ancienne enceinte, qu'il est facile de dégager des constructions récemment élevées, laisse assez deviner quel était le périmètre du cimetière, et par conséquent la forme des charniers; cependant, si l'étude, même attentive, des monuments graphiques n'éclaire pas suffisamment sur les chapelles, tombeaux et monuments de toutes sortes qui s'y trouvaient, elle offre néanmoins quelques renseignements qu'il ne faut pas dédaigner.

Ainsi, le plan de Gomboust nous montre l'entrée des charniers, la galerie principale ayant au milieu un édicule; celui de Jaillot, l'allée d'arbres qui semble y conduire; vers le milieu du cimetière, la grande croix; aux angles il marque des autels, par conséquent des chapelles; dans celui de Turgot, on ne voit plus les chapelles d'angle, ni celle du milieu; la vue est bornée par une construction à plusieurs étages, dont l'entrée est rue Beautreillis, 23. Des trois côtés de ce portique funéraire, il n'en reste plus qu'un, et encore mutilé, suffisant cependant pour juger du reste. Neuf travées, les plus proches de l'entrée principale, subsistent encore: une dans la propriété de M. Maillart (rue Beautreillis, 23), K, actuellement transformée en serre; six, K, sont affectées aux classes de l'institution de M. Levé, H, à l'obligeance duquel nous devons des plans et des renseignements qui nous ont aidé dans ce travail; deux, enfin, qui dépendent de l'Asile communal K".

Cette construction, entièrement en pierre, très-simple dans son ensemble et ses détails, se composait d'une galerie large de trois mètres vingt centimètres et haute de trois mètres, fermée extérieurement par un mur plein, et à jour du côté du cimetière, comme un cloître. Sur un bahut en pierre de cinquante-cinq centimètres, très-suffisant pour protéger le pavé à l'intérieur, se trouvaient placées des colonnes carrées (alternées avec des colonnettes cylindriques et monolithes), ornées de chaque côté d'une console formant chapiteau et portant un entablement sur lequel reposait un toit couvert en tuiles, légèrement incliné, comme on peut facilement le supposer par le peu d'écartement des murs et la hauteur des contre-forts extradossés aux grosses colonnes ou piliers, et surélevés de près d'un mètre au-dessus de la corniche, couronnés enfin par un fronton triangulaire avec de simples moulures comme les consoles, apparentes également à l'extérieur. Du niveau du sol à l'angle du sommet, ces contreforts mesurent quatre mètres et sont espacés de trois en trois mètres. Intérieurement, le sol de la galerie était-il dallé ou pavé, la voûte plafonnée, lambrissée, comme le passage voisin F'? C'est ce qu'il serait difficile d'affirmer, après les remaniements que cette galerie a subis. Depuis la fermeture de l'église et du cimetière, on a défait les toits et élevé des bâtiments d'habitation ; le sol a été relevé, défoncé, fouillé ; on y a même construit un caveau en maçonnerie ; les murs ont été recrépis, les baies des arcades bouchées, les petites colonnettes noyées dans le plâtre ; on n'a laissé de jour que pour une porte et des croisées ; la porte d'entrée primitive G a été conservée seule ; la galerie a été coupée pour séparer deux propriétés mitoyennes ; les chapiteaux, les moulures, malgré leur peu de relief, ont été plus ou moins endommagées, mais pas assez pour perdre leur physionomie primitive. Quant à l'époque à assigner à ces constructions, évidemment contemporaines de celles qui entouraient l'église au septentrion, on peut leur donner la fin du XVIe siècle, et le XVIIe pour certaines parties.

Peut-être trouvera-t-on un document écrit qui permettra de donner une date précise. En attendant, il est permis de supposer que le charnier a dû en remplacer un plus ancien, provisoire ou en mauvais état, peut-être même plusieurs, l'église ayant elle-même plusieurs fois été renouvelée et la station cémétériale étant une des plus anciennes de Paris et le lieu de repos qu'on avait choisi pour une communauté riche, nombreuse, influente ; autant d'hypothèses qui, si elles ne satisfont pas l'esprit complétement, ne répugnent pas non plus, et que des documents écrits et authentiques seuls permettraient de faire passer dans le domaine des faits.

Les plans et les histoires imprimées n'offrant que peu de lumières sur ce sujet, il restait à consulter les documents inédits ; comme ils ne contredisent pas les conclusions que nous avions cru pouvoir tirer avant de les connaître, nous allons montrer les renseignements qu'ils nous ont fournis en suivant l'ordre dans lequel ils se sont présentés à nous, et en indiquant les sources.

Ces sources sont les manuscrits des bibliothèques de l'Arsenal, de la rue Richelieu et des Archives de l'Empire. Comme on pouvait s'y attendre, nous avons recueilli des détails intéressants, grâce aux conseils éclairés du savant Directeur de la *Revue universelle des Arts*, dont les connaissances, aussi étendues que variées, sont toujours à la disposition des travailleurs, et qui a bien voulu nous servir de guide dans nos recherches.

A la bibliothèque de l'Arsenal, nous avons dépouillé l'*Épitaphier de Paris* et les *Épitaphes des églises de Paris* ; comme ils se complètent l'un l'autre, nous les citons indifféremment.

Voici ce qu'on trouve de plus intéressant sur le sujet qui nous occupe :

Cy-dessous gist Philippe Béhu,
Bourgeois de Paris, jadis controlleur de la dépense
de l'hôtel du feu, haut et puissant prince,
Monsieur Arthus, duc de Bretagne et connétable
de France, qui trespassa le 7ᵉ jour de juin,
l'an de grâce 1465. Dieu en ait l'âme !
Cy-dessous gist Jeanne de Coulongne,
femme dudit Philippe Béhu, laquelle
trespassa l'an de grâce 1476, le 11 juin,
lesquels de leurs bienfaits ont fait faire ce
charnier. Dieu en ait les âmes !

Est-il question ici d'une chapelle ou d'une galerie ? Le premier sentiment nous semble plus probable.

Dans une chapelle des charniers on lisait :

>Ad laudam et honorem
>Beatorum Petri et Pauli per
>Venerandum in Christo nostrum et
>Divinum Dominum Guillermum
>Charretier, Paris. Episcop.
>dedicā fuit pīis capella
>anno Domini MCCCCL, hujus
>die XXIIII Aug.

L'église n'avait été consacrée qu'en 1432 (1) par l'évêque Jacques du Chastelier (2). Cette chapelle, consacrée par Guillaume Chartier (3), est-elle l'origine des charniers ? Il est permis de croire qu'ils existaient déjà, et que Philippe Béhu et sa femme en augmentèrent l'importance, ou simplement aidèrent à les réparer.

Il est fait aussi mention d'une chapelle de la *Communion sous les charniers* (il en existait également une sous ce vocable dans l'église) : c'est probablement celle qui était au milieu de la galerie du fond, dans l'axe du chevet de Saint-Paul.

On trouve aussi : *près le Dieu de pitié*; cette désignation, claire pour le copiste, est bien vague pour nous. Où se trouvait placé ce monument ?

Dans une chapelle, sous les charniers, se lit cette inscription :

Cy-gist Jean des Ursières du Gaudette, *fondateur de cette chapelle*, conseiller et controlleur de la chambre aux deniers de feu (*sic*) très-noble, très-bénigne et très-excellente dame Marie

---

(1) Le second dimanche après Pâques 1432. (*Gallia Christiana*, VII, 147.)

(2) Jacques du Chastelier, 99ᵉ évêque de Paris (1427-1438). En 1427, « pour la défaute d'huile, on mangeait du beurre en cettuy caresme, comme en charnage. » (*Journal du règne de Charles VII.*) L'évêque en permit l'usage. Il contribua à l'expulsion des Anglais et mourut de la peste. (*Ibidem*.)

(3) Guillaume VI, frère d'Alain Chartier, 101ᵉ évêque de Paris (de 1448 à 1472), travailla à la révision du procès de Jeanne d'Arc. (*Idem*, 150.)

d'Anjou, reine de France, fils de Jean des Ursières et de Marie du Meix, mort en son hôtel, le 21 janvier 1419 (1).

Enfin on trouve Étienne d'Orgemont (2), escuyer, et feue sa grand'mère, qui *fit faire cette arche icy*, lequel trespassa l'an 1461, le 4 septembre et Damoiselle Marie de Piedelou, sa veuve.

Les autres épitaphes recueillies sous les charniers sont au nombre de cinquante environ, et sont celles de grands seigneurs, officiers de la couronne, conseillers au Parlement, marchands et bourgeois de Paris, et de leurs femmes, dont la reproduction serait aujourd'hui fastidieuse; nous en donnons plus loin la liste avec la date de la mort, quand elle est indiquée (3). Deux seulement remontent à 1400 et 1401; la plupart appartiennent aux XVIe et XVIIe siècles; une seule, restaurée sans doute, porte la date de 1339.

Il ne faudrait sans doute pas se hâter de conclure que les charniers n'existaient pas avant le XVe siècle; la proposition contraire serait peut-être plus vraie; il est possible que les monuments antérieurs à cette époque aient été déplacés et ne soient pas parvenus jusqu'à nous.

Nous plaçons ici une épitaphe intéressante à plus d'un titre

---

(1) Suivent les noms de ses deux femmes et de leur postérité :

Raouline Voyère, sa 1re femme, morte le 24 septembre 1436.
Marie Dourdine, sa 2e femme, morte le 10 avril 1482.
Jean Gaudette, leur fils, mort le 16 avril 1469.
Pierre Gaudette, frère germain de Jean et (dit l'épitaphe) *augmentateur de la fondation de cette présente chapelle*, mort le 13 mai 1473.
Raouline Gaudette, femme de Jean Turgon, veuve quarante ans, après avoir *vu quatre générations*, mourut le 13 janvier 1518.

(2) La famille d'Orgemont, qui avait en partie sa sépulture dans l'église de Saint-Paul, était puissante et riche; elle avait, entre autres personnages remarquables, fourni au parlement un président, depuis chancelier de France, Pierre de Chantilly, dont le fils, Pierre IV, dit d'Orgemont, fut 94e évêque de Paris (1384 à 1409). (*Gall. Christ.*, VII, 140).

(3) Appendice A.

qui se lisait sous les charniers ; puis nous dirons comment nous l'avons trouvée :

Damoiselle Magdeleine BÉJARD, voulant donner à sa mère, encore après sa mort, des marques de reconnaissance qu'elle a de son amitié et des soins qu'elle a eus d'elle, a fait poser cette tombe cy-dessous suivant les conventions faites avec M^rs les marguilliers. Priez Dieu pour le repos de son âme.

Cy-gist le corps de Marie Hervé, veuve de honorable homme Joseph Béjard, décédé le 9e janvier 1670, âgée de 73 ans.

M. Paul Lacroix, qui avait retrouvé cette pièce curieuse, a bien voulu nous la signaler, et en remontant à la source, nous avons rencontré de précieux documents, les seuls probablement qui existent sur le sujet qui nous occupe.

Déjà nous avions lu dans les *Recherches sur Molière et sur sa famille*, de M. Eud. Soulié (1), que Joseph Béjard et Marie Hervé avaient été fiancés à Saint-Paul, le 7 septembre, et mariés en cette paroisse le 8 octobre suivant ; qu'une partie de leurs enfants y avaient été baptisés, et en particulier Magdeleine Béjard, le 8 janvier 1618, laquelle, dans son testament, demanda à être inhumée à Saint-Paul, *dans l'endroit où sa famille a droit de sépulture ;* que, conformément à ses dernières dispositions, le corps de Magdeleine Béjard, après avoir été présenté à l'église de Saint-Germain l'Auxerrois, sa paroisse, fut, « *par permission de monseigneur l'archevêque, porté en carrosse en l'église de Saint-Paul, et inhumé le 19 février* 1672 SOUS LES CHARNIERS *de ladite église.* »

Ce dernier fait, cité par Beffara, dans la *Dissertation* sur J.-B. Poquelin de Molière, trouve sa confirmation dans la pièce que nous venons de citer, puisqu'elle donne la date, inconnue jusqu'ici, de la mort de Marie Hervé, veuve de Joseph Béjard, auteurs de Magdeleine et Armande, sa sœur, femme de l'illustre comique.

Malheureusement, nous n'avons pu jusqu'à présent découvrir

---

(1) In-8°, Paris, Hachette, 1863.

dans quelle partie des charniers était la *concession* de la famille Béjard, pour parler le langage d'aujourd'hui.

L'épitaphe de Marie Hervé est tirée du *Recueil des Épitaphes*, à la Bibliothèque impériale (1), tome v, page 289. Au milieu de ce volume se trouve un cahier de soixante pages intitulé :

Épitaphes de l'église, charniers et cimetière de l'église Saint-Paul, qui ne sont pas dans le grand Recueil des Épitaphes de Paris.

Une copie très-incomplète et très-inexacte de ce manuscrit existe à la bibliothèque Mazarine (2); l'épitaphe de Marie Hervé manque, mais on y trouve des notes qui manquent au manuscrit de Toulorge (3) et le complètent (4).

Les deux dernières pages de ce cahier renferment des indications en forme de *memento*, et se trouvaient sur la garde d'un évangéliaire en caractères gothiques ; le copiste, en les transcrivant, nous a conservé la mémoire de faits qu'on irait maintenant chercher vainement ailleurs ; on trouvera plus loin, dans l'appendice (5) cette pièce curieuse, autant pour le fond que pour la forme.

Outre les inscriptions qui se lisaient sur les bâtiments qui servaient de logement aux ecclésiastiques et aux employés de l'église (le presbytère était placé au côté méridional), et qui nous donnent, avec la date des reconstructions, les noms des curés et marguilliers qui les firent faire (6), nous remarquons plusieurs détails intéressants :

Nicolle Gilles, *nottaire et secrétaire du Roy et controlleur de son Trésor*, l'auteur *des Croniques et Annales de France, depuis la destruction de Troye, jusques au Roy Louis unzième ; jadis com-*

---

(1) Fonds français, 8220.
(2) H., 1915.
(3) Appendice E.
(4) Appendice F.
(5) Appendice E.
(6) Appendice F, où ces inscriptions sont transcrites et complétées par d'autres trouvées aux Archives de l'Empire et à la bibliothèque Mazarine.

posées, dit l'édition de 1566 (1), *par feu maistre Nicolle Gilles, en son vivant secrétaire et indiciaire du Roy, et contrerolleur de son Tresor* (2), nous apparaît ici comme homme privé, occupé de soutenir les intérêts de l'église où il avait choisi sa sépulture, mais toujours dominé par son goût pour la science, encourageant des travaux d'art, qu'il avait sans doute provoqués, et *donnant le parchemin dont ils sont faits*, le scribe, clerc de l'œuvre, voulant imiter cet exemple, fait de son côté abandon de *la moitié des salaires de l'écriture*.

Tristan de Fontaines, Jacques Charmolue, étaient d'*honorables hommes et sages maîtres*, les dignes collaborateurs de Nicolle Gilles; aussi leur administration fut-elle féconde en améliorations : ils font réparer et achever la tour, refondre la cloche, repaver l'église en pierre de liais, réparer le puits, restaurer les armes du Roy et du Dauphin au portail de l'église, la grande croix du cimetière et enlever les *menues croix qui le difformaient*. Ils ne bornent point leurs soins à l'église; ses dépendances attirent aussi leur attention, les *charniers de circuit sont clos et couverts de pierre de taille, ils y font mettre piliers gros et petits*. Le document portant la date de 1500, nous savons maintenant l'époque précise de sa dernière reconstruction; ils font plus, ils l'embellissent de travaux d'art; l'*Image de l'Annonciade* est placée *sur le charnier de pierre, à l'entrée du cimetière; le sépulchre de notre Seigneur*, au *coin dud. cimetière, devers l'hôtel du Beau-Treillis*; enfin, ils établissent la *voirrure* (verrière) qui est au-dessus dud. sépulchre où sont les images de Dieu et de Notre-Dame, auprès du Vif (3). Que sont devenues ces belles verrières, les égales de celles de l'église, dont l'abbé Lebeuf seul nous a dit un mot en passant (4)? Il est regrettable qu'il ne nous en ait

---

(1) La première édition fut publiée en 1492, la dernière en 1617.

(2) Voir sur cet ouvrage, au point de vue historique, le travail de M. A. Thierry, intitulé : *Notes sur quatorze historiens antérieurs à Mézeray*. (*Dix ans d'Études historiques*, p. 335 et suiv.). Paris. Furne, 1856.

(3) Il y avait certainement en cet endroit une représentation figurée du *Dict du Mort et du Vif*, si connu et si populaire à cette époque.

(4) II. 325, et appendice F, à la fin.

pas laissé la description, et qu'on ne les ait pas dessinées quand elles existaient encore ; mais, aux xviie et xviiie siècles, il était de bon goût, même pour les ecclésiastiques, de mépriser ces productions des siècles précédents qu'on traitait de barbares. C'était déjà beaucoup quand on voulait bien ne pas les détruire, pour leur substituer des objets d'un goût douteux, mais à la mode.

Voilà des marguilliers qui ne perdaient certainement pas leur temps, et qui employaient bien l'argent des fidèles. La suite nous montrera qu'ils trouvèrent des imitateurs au siècle suivant. Toujours est-il qu'ils s'étaient hâtés, puisque le nom de Nicolle Gilles figure dans cette pièce, qui porte la date de 1500, et qu'il mourut le 10 juillet 1503, ce qui peut faire un laps de trois ans environ pour l'exécution de ces divers travaux.

Nicolle Gilles fut enterré à Saint-Paul, à l'embellissement duquel il avait tant contribué, dans la chapelle de Saint-Louis, qui appartint plus tard aux Noailles (1).

Aux Archives de l'Empire, nous avons eu communication de diverses pièces concernant Saint-Paul; deux plans et des registres. L'un de ces plans était le projet d'une chapelle de la Communion (1737) ; il ne nous offrait rien de nouveau ; l'autre, levé aux frais de la fabrique (1738), présente le plan géométral de l'église et des charniers. On y voit les trois galeries avec leur développement se composant de soixante piliers et d'autant de colonnettes, ayant intérieurement aux angles des chapelles, extérieurement, du côté de la rue Saint-Antoine, une porte en saillie sur le cimetière et du côté de la rue Neuve-Saint-Paul, une fausse porte symétrique ; entre les deux chapelles d'angle, un édicule avançant dans le cimetière, comme le pavillon central d'un château du xvie siècle, flanqué de ses deux pavillons d'angle; enfin, sur la quatrième face, en retour d'équerre, une continuation de la galerie jusqu'à la chapelle de la Communion, qui avait été bâtie après coup sur le flanc méridional de l'église. Là se trouvait une porte de communication, comme nous l'avions supposé *à priori*, pour les besoins du service.

(1) Appendice B.

Nous n'avons pas été assez heureux pour trouver, parmi ces plans et ces projets, la moindre vue perspective ; il n'en existe probablement que celle que nous avons fait faire pour la joindre à cette notice.

Les manuscrits qui proviennent de l'ancienne église sont des comptes de fabrique, des règlements d'ouvriers, qui ne remontent pas au delà du milieu du XVIIe siècle ; nous n'avons rien trouvé qui pût nous ramener au temps où a été écrit le travail de Toulorge, cité plus haut, p. 16.

Un compte postérieur, dont nous avons eu connaissance par une communication particulière, ne nous a offert pour le XVIIIe siècle que des noms et des chiffres, et pas un fait nouveau ; nous n'en parlons ici que pour constater qu'il manque aux archives, et que, chez les particuliers, on trouverait encore de quoi compléter nos grands dépôts publics, où serait leur seule, leur véritable place.

Les pièces antérieures sont des marchés passés avec les fournisseurs, des contrats de rente, des décisions de fabrique ; cependant, dans un journal du XVIIe siècle, un *agenda*, pour mieux dire, nous avons rencontré certains détails qui ne manquent pas d'intérêt.

En 1667, la fabrique vote des fonds pour la couverture des *charniers*, plus de cent cinquante ans après leur établissement : on comprend que les réparations fussent nécessaires.

Dans le même volume d'éphémérides, se trouve le coutumier des officiers de l'église ; on y lit, dans un contrat du 1er octobre 1627, que le bedeau s'oblige :

« *A nettoyer et ratisser les charniers ; à nettoyer les voûtes ;*
» *à tendre les voûtes quand besoin est ; à tenir fermées les portes*
» *du charnier.* »

On peut conclure de ce passage d'un contrat, passé devant notaire, ce que nous n'avions pas osé avancer, que les charniers étaient des galeries dallées, voûtées et sans doute aussi lambrissées, comme le tronçon qui existe encore dans le passage Saint-Pierre (1).

(1) Voir la planche I, fig. 1re.

D'après un autre contrat, passé avec le tapissier (1), nous savons qu'aux grandes fêtes, Pâques ou le jour du Patron, on tendait les charniers aussi bien que l'église; qu'aux autres fêtes on ne tendait qu'une partie des charniers, ou même une arcade, pour un ou pour plusieurs jours, selon que c'était pour un octave, un anniversaire ou un service funèbre. Usage d'autant plus curieux à constater, qu'en France, on ne décore plus que l'intérieur des églises et, dans les services funèbres, le portail de la maison mortuaire. On ne peut cependant douter, d'après le soin avec lequel est dressé cet acte, que les charniers ne reçussent une décoration en rapport avec la joie de l'église et qui semblait contraster avec sa destination funèbre.

Cette partie du registre, qui pour les dernières années se borne le plus souvent à mentionner les jours de réunion des marguilliers, se termine avec l'année 1662.

Immédiatement au-dessous on lit cette note de la même écriture :

On tient que Rabelais est enterré au cimetière Saint-Paul sous un noyer.

Plusieurs fois, en parlant du curé de Meudon, on avait rappelé que, mort rue des Jardins, il avait été enterré dans le cimetière de Saint-Paul, au pied d'un arbre, dont on n'avait pas désigné l'espèce. Ce passage est d'autant plus curieux, que, tout en témoignant de la tradition qui s'en était conservée, un siècle environ après la mort de l'illustre écrivain, on ignorait l'endroit où il avait été inhumé.

En terminant cette notice, qui avait pour motif de rappeler le souvenir d'un monument autrefois remarquable à plus d'un titre, et que nous avons essayé de décrire, pendant qu'il en existe encore quelques vestiges, nous avons rencontré, pour nous résumer, une date et un nom qui intéressent l'histoire littéraire en éclairant la vie de Molière, et qui étaient, sinon inconnus, au moins inédits. Nous souhaitons que d'autres, plus heureux, trouvent la dernière date, celle qui manque seule, la date de la

(1) Logé dans les dépendances de l'église, appendice F.

mort de Joseph Béjard ; nous avons constaté aussi des usages qui sont nouveaux pour nous ; nous avons recueilli une tradition et un fait qui se rapportent à un grand nom, celui de Rabelais, inséparable de ce sujet, auquel il prête un charme nouveau.

Nous donnons dans l'Appendice la liste des personnages enterrés sous les charniers, dont les noms nous ont été conservés avec les dates de la naissance et de la mort ; le vocable des chapelles de l'église Saint-Paul et des familles qui y avaient droit de sépulture ; le nom des personnages célèbres, enterrés dans cette église ou dans son cimetière, ainsi que ceux enterrés dans l'église Saint-Paul-Saint-Louis, qui l'a remplacée.

Notre travail ne serait pas complet si nous omettions de parler des cryptes de l'église actuelle de Saint-Paul-Saint-Louis, qui a hérité du vocable et des traditions de l'ancien Saint-Paul. Nous avions hésité à parler des sépultures de cette église, parce qu'en 1842, M. Denys de Hansy, mort récemment, avait fait une notice historique sur ce sujet ; mais, outre que cet opuscule, qui n'était pas destiné au commerce, est très-rare aujourd'hui, le temps a permis d'y faire quelques corrections signalées par l'auteur lui-même et d'émettre, en les justifiant, des opinions en contradiction, pour les détails, avec celles avancées par l'auteur. D'ailleurs, il n'est pas sans intérêt de rappeler le nom et la sépulture d'hommes qui ont joué un si grand rôle à leur époque. Persécutés et enviés de leur vivant, l'humilité de leur dernière demeure les a mis à l'abri des orages des révolutions ; protégés par le cardinal de Richelieu, chassés par le duc de Choiseul, ils ont laissé au milieu de Paris, leur berceau, les cendres de leurs pères restées intactes, quand celles de leurs persécuteurs étaient le jouet des fureurs populaires. Les noms de leurs morts, illustres entre tous, même dans le grand siècle, appartiennent autant à l'histoire politique qu'à l'histoire littéraire. Combien peu d'étrangers, entrant dans l'église aujourd'hui bien calme où se pressait autrefois la foule quand le père Bourdaloue prêchait, se doutent que sous leurs pieds se trouvent des catacombes renfermant plusieurs générations de morts illustres. Pour toutes ces raisons, nous avons cru utile de joindre à cette notice la liste des personnages enterrés, tant dans la nef que dans les caveaux de Saint-Louis-des-Jésuites, dite des Grands-Jésuites, au temps de leur faveur et plus connue aujourd'hui sous le double vocable de Saint-Paul-Saint-Louis; mais, comme ce travail a déjà été imprimé, nous le donnons en note.

On ne peut s'empêcher de remarquer que si l'ancienne église de Saint-Paul renfermait les sépultures de Nicolle Gilles, de Jean Nicot, de Robert Cénal, Parisien et évêque d'Avranches, la nouvelle s'honore de posséder dans ses cryptes, outre les Pères Jésuites, le savant Huet, aussi évêque d'Avranches, et le Père Bourdaloue.

Espérons que de nouvelles recherches permettront de compléter ce travail et d'en faire disparaître les lacunes.

APPENDICE

(A.)

NOMS DES PERSONNAGES ENTERRÉS SOUS LES CHARNIERS.

La date qui suit le nom est celle de la mort, les numéros sont ceux de correspondance avec cette liste :

1. *Allard*, Magdeleine, femme M. Leclère, s. d. Voir n° 33.
2. *Allonneau* (Julien d'), 4 décembre 1607.
3. *Barbel*, Jacques, dit de Chastres, 24 novembre 1382.
4. *Béhu*, Philippe, 7 juin 1465. Voir son épitaphe, page 12.
5. *Béjard*, Magdeleine, 19 février 1672.
6. *Biard*, Pierre, s. d.
7. *Bouliart*, Jean, 29 août 1500.
8. *Bourdin*, Jean, 6 août 1534.
9. *Brullé*, Jean, 2 août 1537. Voir son épitaphe, page 26.
10. *Brullé*, Jeanne, femme Poirier, s. d. Voir n° 41.
11. *Budé*, Etiennette, femme N. de la Chesnaye, 30 août 1532. Voir n° 20.
12. *Bure*, Louis, 2 août 1557. Voir sa femme, n° 49.
13. *Cailler*, Louise, femme Charron, trésorier de l'Extraordinaire des guerres, 11 janvier 1601.
14. *Cardinal*, Louis, 8 janvier 16..?
15. *Chapellet*, Colette, femme de Pierre de la Salle, 3 décembre 1527.
16. *Charlot*, Pierre, 21 octobre 1505.
17. *Charlot*, Thibault, 6 février 1500.
18. *Charlot*, Pierre, 29 avril 1582.
19. *Charron*, Dohin, 8 juillet 1574.
20. *Chesnaye* (Nicolas de la), 11 avril 1505. Voir sa femme, n° 11.
21. *Chesnaye* (Jacques de la), fils du précédent. s. d.
22. *Chesnaye* (Etienne de la) id. id. s. d.
23. *Colas*, Jean, 25 septembre 1510.
24. *Corbye* (Nicole de), 7 mai 1512.
25. *Corbye* (Guillaume de), 21 mars 1590.
26. *Coulongne* (Jeanne de), femme de P. Béhu. Voir n° 4.
27. *Firon* ou *Furon*, Gilles, 20 décembre 1518.
28. *Firon* ou *Furon*, Charles, 14 avril 1551.
29. *Fortin*, Jean, écolâtre, 25 avril 1539. Son épitaphe était en alexandrins.
30. *Guillot*, Jamin, 8 janvier 1401.

31. *Guillot*, Catherine, morte *à la mie-aoust* 1557, femme de Jean Brullé. Voir n° 9.
32. *Girard*, Catherine, femme de N. de Corbye, 23 mai 1496. Voir n° 24.
33. *Leclère*, Michel, 22 juin ????
34. *Leclère*, Sarra, femme de Jacob Phelippeaux. s. d. Voir n° 40.
35. *Lepreulx*, Jean et sa famille, 1607.
36. *Letellier*, Jean, 19 avril 1582.
37. *Lecourt*, Marie, femme de J. Turgon. s. d. Voir n° 47.
38. *Longueil* (Jeanne de), femme de G. de Corbye. s. d. Voir n° 25.
39. *Luteux*, Marguerite, femme de Dohin Charron, 1542. Voir n° 19.
40. *Phelippeaux*, Jacob. s. d
41. *Poirier*, Mathurin, 18 février 1576.
42. *Rabodange*, Claude, mort en son hôtel, rue Saint-Antoine, 24 septembre 1544.
43. *Relot*, Paquette, femme de J. Letellier, 18 août 1596. Voir n° 36.
44. *Robineau*, Roger, 19 janvier 1633.
45. *Spifame*, Samuel. s. d.
46. *Trouson*, Marguerite, 15 juin 1497.
47. *Turgon*, Jean, 1 août 1553.
48. *Ursières* (Jean des), 4 septembre 1461. Voir son épitaphe, page 13.
49. *Chambiche*, Catherine, 9 juin 1567. Voir n° 12.

(B.)

VOCABLE DES CHAPELLES DE L'ÉGLISE SAINT-PAUL SERVANT DE SÉPULTURE DE FAMILLE.

Les chapelles de :

Saint-Louis, dite de Nicolle Gilles, aux	de Noailles.
Notre-Dame de Pitié ou des Parfaits, aux	Parfait.
Saint-Jérôme, aux	Malbre du Houssay.
Saint-Etienne, aux	Foulé de Mortangis.
Saint-Joseph, aux	Garnier.
L'Annonciation, aux	de Guénégaud.
Sainte-Geneviève, aux	Chenoise.
Saint-Jacques, aux	de Chavigny.
Saint-Jean-Baptiste, aux	Gobelin de Brinvilliers.
Saint-Mars et Saint-Sulpice, aux	Sully (branche cadette).
Saint-Lubin, à	l'abbé de Sainte-Croix, puis à M. de la Plane.
Saint-Vincent, aux	Scarron (branche collatérale).
La Communion, a	M. de Lebel.

Les chapelles de :
Sainte-Anne, à   M. Olier de Verneuil.
Sainte-Gemme (Citée par Lebeuf. T. II. 528).
Saint-Amable d'Auvergne, à   M. Hennequin (1548).
Saint-Philippe. (Voir Lebeuf. *ubi suprà.*)
Saint-Roch, aux   Chambray (1567).

(C.)

PERSONNAGES CÉLÈBRES ENTERRÉS DANS L'ÉGLISE SAINT-PAUL.

On peut prendre au hasard, ce sont tous noms connus :

Gilles *Nicolle* (1503) et Marie *Turquan*, sa femme (1498); Robert *Cénal* (1560); Jean *Nicot*; *Quélus, Maugiron, Saint-Mégrin,* mignons de Henri III; Pierre *Biard*; François et Hardouin *Mansard*; le duc de *Biron*; *Desmarest de Saint-Sorlin*; Adrien *Baillet*; *Camus du Bellay*; Armand *de Corbie*; *De Péréfixe*; *Chastelain*; *Sainte-Aure*; l'abbé *Quintinien*; Henri *Dumont* et Jean *Belet*, musiciens; un *Politien*, légat de Clément VIII; les *Métezeau*; les *Bragelonne*; les *Philippeaux*; les *Champin*; les *d'Orgemont*; les *Cornuel*, etc., etc.

Et pour ne pas allonger indéfiniment cette trop longue nomenclature, nous ne citerons, pour le cimetière de la paroisse, que deux noms historiques, qui à eux seuls suffiraient à son illustration :

François Rabelais et l'Homme au masque de fer.

(D.)

ÉPITAPHES DIVERSES.

On avait consacré au prédécesseur de Dumont, quarante-cinq ans organiste de Saint-Paul, cette naïve et touchante inscription :

Épitaphe de pierre, contre la grande porte de l'église de Saint-Paul, de Jean Belet.

Ayant été par vingt et cinq ans organiste d'icelle église, étant mort par un tragique accident, étant, le unzième jour de janvier, jetté ou tombé dans la rivière, dessus le pont de bois de la Tournelle et repesché le 25ᵉ jour d'Avril ensuivant près de Chaillot, et de là fut apporté en ladite église de Saint-Paul.

Cy gist le corps de honorable homme JEAN BELET, vivant bourgeois de Paris, qui ayant été l'espace de 25 ans organiste de cette paroisse de Saint-Paul, est décédé par un cruel accident, le unzième janvier l'an mil six cent trente-cinq, au grand regret de M. le curé et de MM. les marguilliers et de tous les paroissiens, qui le chérissoient grandement, et après un si long et pieux service, a été contraint de céder à la mort qui luy a comme ravy et emporté son corps dans le tombeau, afin que son âme eust plus de liberté dans les cieux de continuer cette douce harmonie. Il fut inhumé le vingt-cinq avril ensuivant.

Vous tous qui par icy passez
Dites Requiescat in pace.

Françoise de la Salle, sa femme, pour mémoire de son affection, par la permission de MM. les marguilliers, a fait mettre cette pierre afin d'en avoir souvenance.

Priez Dieu pour luy.

Le célèbre musicien Henri Dumont (1616-84) fut aussi organiste de cette paroisse de Saint-Paul, pendant quarante-cinq ans; retraité en 1674, il mourut dix ans après et fut enterré dans l'église.

Épitaphe
en vieille rime, sous les charniers de Saint-Paul, contre le mur,
du côté de la rue Saint-Antoine.

La mort amerre aux humains fait la guerre,
Et fait gésir sous ce charnier en terre,
Feu JEAN BRULLÉ, un marchand honnorable
En son vivant humain et charitable.
Dieu par sa grâce et grande miséricorde
De ses péchés vrai pardon lui accorde.
L'an mil cinq cent trente-sept décéda
Deuxième aoust Attropos lui darda
Un coup mortel et ny seut résister.
Donc passant s'il plaist arrester,
Dites pour luy, et aussi pour tous autres,
De bon courage un ou deux Pater nostre.
Ave Maria, de Profundis.

Épitaphe
de pierre contre la porte de Saint-Paul.

Cy devant gist

Denisette de BERTHICHERRE,

en son vivant femme de Husson de Bertieberre, garde huche de l'Echansonnerie du Roy, notre Sire, et *Lavandière du corps du Roy*, laquelle trépassa le 26ᵉ octobre l'an de grâce 1441.

Priez Dieu pour elle (1).

(E.)

EXTRAIT DU REGISTRE DE TOULORGE.

Voici les épitaphes de l'église, charniers et cimetière de l'église Saint-Paul à Paris, qui ne sont pas dans le grand recueil des épitaphes de Paris.

Les noms sont les mêmes que dans le manuscrit de l'Arsenal intitulé : *Églises de Paris*, excepté l'épitaphe de Marie Hervé, que l'on trouve page 15.

Les deux dernières pages renferment les indications suivantes, que nous n'avons pu qu'analyser dans notre travail et que nous reproduisons *in extenso* et sans commentaires ; nous conservons l'orthographe du temps :

Inscriptions qui sont aux édifices bastis aux deniers de l'œuvre dans l'enceinte extérieure de l'église (2).

A la maison curiale :

Cette maison presbytérale a été réédifiée en partie aux deniers de l'œuvre de Saint-Paul par le soin et diligence de messieurs Gaspard de Fieubet, trésorier de l'épargne ; Nicolas Parent, receveur des rentes de la ville ; Jacques Lutrat, bourgeois de Paris, lors marguilliers dud. œuvre, et partie aux frais de Mᵉ Nicolas Mazure, docteur de Sorbonne et curé de cette église.

(1) Lebeuf, p. 525, a copié cette épitaphe et lui a conservé l'orthographe du temps.
(2) Voir, pour la suite de ces inscriptions, F.

Au bâtiment qui sert de logement aux enfants de chœur :

Ce bâtiment a été fait des deniers de l'œuvre du tems de nobles hommes M. M⁰ Timoléon Grangier, conseiller du roy en sa cour de Parlement et président ès-enquêtes d'icelle; Sr de Lyuerdis ; Mr Me Salomon Phelippeaux, cons^r du Roy et M^e ord^re en sa chambre des comptes ; Paul Lemaire, cons^r du Roy en sa ferme de la Bûche, et Loys de Vaultier, S^r en partie de Moyselles, lors marguilliers. 1611.

A la fin d'un livre, écrit en caractères gothiques, qui servait autrefois à lire les Évangiles au chœur les jours de fête, et qui est couvert d'argent vermeil doré, se lit ce qui suit :

En l'an de grâce mil cinq cens, honorables hommes et sages maîtres Tristan de Fontaines, conseiller du Roy en son Parlement; Nicolle Gilles, nottaire et secrétaire dud. seigneur Roy et controlleur de son Trésor ; Jacques Charmolue, aussi nottaire et secrétaire dud. seigneur Roy et controlleur ; Borbée et Guillaume de Gaigux, marchand apoticaire et bourgeois de Paris, marguilliers de cette église, firent par Nicole Vaillon, prêtre chapellain en cette dite église écrire ce présent liure, contenant toutes les Evangiles de l'an, pour servir aux fêtes solemnelles, et les enluminer décorer et couvrir d'argent et y a le poids de 16 marcs d'argent ou environ, dont la façon et dorure coûta à raison de sept liures tournois pour chacun marc, et en donna led. Gilles tout le parchemin dont ils sont faits et led. Me Nicole la moitié de ses salaires de l'écriture. Item firent et escrire par led. Me Nicole un autre liure des Epitres pour servir ordinairement. Item durant le tems qu'ils furent marguilliers firent faire les choses cy-après déclarées. Premièrement firent faire et parachever de pierre de taille la grosse tour du clocher où sont les cloches de lad. église. Item la firent couvrir de plomb. Item firent faire de neuf la plus grosse cloche de lad. église nommée Paul la princesse. Item firent faire tout de neuf le beffroi du bois où sont pendues lesd. cloches et icelles rabiller, et reprendre tout de neuf tant de bois que de fer. Item firent faire tout de neuf la maçonnerie, charpenterie et couuerture des charniers du cimetierre de lad. église. Item firent clorre et fermer de pierre de taille tous les charniers de circuit dud. cimetierre et y mettre pilliers gros et petits. Item firent faire, réparer et transporter de lieu en lieu la belle croix et marches de pierres de taille qui est au milieu dud. cimetierre, et ôter plusieurs autres menues croix qui étoient aud. cimetierre qui le difformaient. Item firent mettre l'image de l'Annonciade qui est sur le charnier de pierre à l'entrée du cimetierre par où va la procession. Item firent mettre et décorer le sépulchre de Notre Seigneur qui est au coin dud. cimetierre devers l'hôtel du Beau-Treillis et faire faire la voirrure qui est au-dessus dud. sépulchre, où sont les images de Dieu et de Nôtre Dame auprès du Vif. Item firent réparer, redorer et faire des pieds et garnir de pierre tous les reliquaires qui sont en lad. église. Item firent clorre de pierre de taille le puis deuant la grande porte de lad. église et faire les chiens et lyons qui portent les armes du Roy et du Dauphin et paver par bas de pierre de lyais. Eorum delictis parcat Altissimus.

Le présent recueil a esté fait et présenté à Mons\` Foucault, conseiller d'Etat et premier marguillier de l'église de Saint-Paul à Paris, par son très humble serviteur Toulorge, prêtre clerc de l'œuvre de lad. église en 1715.
— Voir Bib. Imp. Recueil de Clérambault. *Épitaphes*, Tome V, (III\` de Paris), fonds français, 8220.

(F.)

INSCRIPTIONS DES BATIMENTS DE SAINT-PAUL.

A la Bibliothèque Mazarine, dans un manuscrit cité plus haut (1), nous avons retrouvé les inscriptions qui se lisaient sur les divers bâtiments et qui ne se trouvent pas dans le recueil manuscrit; nous les donnons comme complément de la note précédente:

Le bâtiment de l'entrée de la communauté où est présentement logé le tapissier de l'église, construit en 1625, du temps de M\` Antoine Fayet, curé; de Balthasar Gobelin, président de la chambre des comptes; Jean de Phelippeaux de Villesavin, maître des comptes; René Fleury, architecte des bâtiments du Roy; Guillaume de Villain, marchand, bourgeois de Paris, marguilliers.

Le bâtiment des prêtres, commencé à bâtir en 1026, étant curé monsieur Fayet; marguilliers, Jacques Pinon, cons\` d'Etat et privé; Hérouard, maître d'hôtel du Roy; Viard et Brussin, fini en 1627 sous le même Jacq. Pinon; Pierre Suble, seig\` de Romilly, trésorier général de l'ordinaire; Brussin et Antoine Julien.

A l'aile du même bâtiment on lisait:

Ce nouveau bâtiment a été fait et réédifié de neuf pour loger les ecclésiastiques officiers de l'église en l'année 1651.

M\` Mazure, curé. Marguilliers: Cordier, chevalier, seigneur de Beauregard, président de la chambre des comptes; Jacques Legendre, controlleur des gabelles; Charles de Hénaut, notaire au Châtelet et Jean de Méromont, marchand drapier.

(1) Page 16.

Enfin, le bâtiment au-dessus des charniers, construit de neuf des deniers de la fabrique en 1654.

Mº Mazure, curé.

M. Geoffroy Lhuillier, seigneur d'Orgeval, maître des requêtes ; Claude Chastelain, maître de l'hôtel du Roy ; Jacques de Pont, trésorier-payeur de la gendarmerie et René Gaillard, sʳ de Chaumont, marguilliers.

Le charnier de Saint-Paul est un des plus beaux et des plus grands de Paris ; les vitres en ont été peintes à l'envi par les meilleurs peintres sur verre qu'il y eût alors. La chapelle de la communion est grande et d'une assez belle ordonnance. Les peintures des quatre vitraux qui sont du côté du charnier sont de Desengères. Pour ménager le jour des vitraux du sanctuaire du côté du chevet de l'église les charniers sont couverts en terrasse. (Plan de 1737, Arch. de l'Empire.)

(G.)

NOMS DES PERSONNAGES ENTERRÉS A SAINT-PAUL-SAINT-LOUIS (1).

Les caveaux de cette église sont par leur destination rangés en deux catégories bien distinctes ; les Jésuites s'étaient réservé les caveaux principaux, et abandonnaient à des familles les caveaux des chapelles, indépendants les uns des autres et n'ayant aucune communication avec les cryptes où reposaient les membres de l'ordre.

Nous allons, dans l'exploration rapide que nous devons en faire, suivre cette marche rationnelle, en commençant par ceux des particuliers.

I. SÉPULTURES PARTICULIÈRES.

La chapelle des Jésuites comprenait dix chapelles ; les trois plus près de l'entrée de l'église, et de chaque côté, s'ouvraient par une dalle et on y descendait par une échelle ; les deux qui se trouvaient dans les bras de la croix avaient la leur par le caveau principal ; enfin, par derrière le maître autel se trouvaient

(1) Extrait de la Notice historique sur la paroisse royale Saint-Paul-Saint-Louis, par M. de Hansy. Paris, in-8°, 1842.

deux escaliers, aujourd'hui condamnés, qui descendaient aux deux caveaux des chapelles latérales.

A droite en entrant :

Première chapelle dite des Fonts baptismaux.

Caveau vide.
Les Génovéfains avaient mis dans la chapelle les monuments des Birague, enlevés seulement en 1835 des Petits-Augustins et transportés à Versailles. Si les cercueils y ont été inhumés, ils ont disparu depuis la grande révolution.

Deuxième chapelle, dite de Saint-Paul.

Caveau vide.

Troisième chapelle, sans vocable.

Sépulture des la Tour d'Auvergne, dits de Bouillon; on y a trouvé :
1° Le cercueil de Louis de la Tour d'Auvergne. 20 janvier 1753.
2° Id. de Henri de la Tour d'Auvergne. 7 mars 1753.
3° Un petit cercueil en plomb.
4° Un petit baril en plomb.
5° Un cœur en plomb et dessus : *Cardinal Duperron.*
6° Un cœur en plomb, avec cette inscription :

Ci est le cœur de feu messire Jacques Duperron (1), évêque d'Evreux .... décédé le 14ᵉ jour de février 1649.

7° Un cercueil en plomb, sans inscription.
8° Un cercueil en plomb, celui d'Elisabeth de la Tour d'Auvergne. 21 septembre 1725.

(1) Neveu du précédent; ils portaient le même prénom.

A gauche en entrant :

Première chapelle, dite de la Sainte Famille.

Sépulture des d'Orgemont; contient sept cercueils en plomb de différents membres de cette illustre maison, qui a compté des illustrations dans l'Église, la robe et l'épée.

Deuxième chapelle, dite de Saint-Louis.

Sépulture des Champront.
Le caveau renferme douze cercueils en plomb, un seul avec le nom de Michel de Champront, conseiller du Roy. 19 mars 1647.

Troisième chapelle, sans vocable.

Sépulture des Suramond (de Paris).
Ce caveau renferme quatre cercueils en plomb, ceux de :
Marie Chassebras, veuve de Louis de Suramond, 3 septembre 1670.
Louis de Suramond, son fils, 24 août 1653.
Louis de Suramond, le père, 28 octobre 1647.
Magdeleine le Royer, veuve de Valentin de Chassebras, juillet 1633.
Les travaux du calorifère ayant nécessité l'ouverture de ce caveau, les cercueils furent transportés dans la chapelle des Fonts, au lendemain de Solférino, où un membre de cette famille, officier dans l'armée française, perdit la vie.

Chapelles de la croisée.

L'entrée des caveaux placés sous ces deux chapelles, appelées, celle de droite, de *Saint-Ignace* ou des Condé, celle de gauche, de Saint-François-Xavier (1), était par le caveau principal de la nef.

---

(1) Aujourd'hui de la Vierge.

Chapelles latérales du chœur.

Enfin, des deux côtés du chœur se trouvent deux dernières chapelles, sans vocable; celle de droite, conduisant à la sacristie, servait à la sépulture des Valençay et renfermait, dans cinq cercueils, les corps de :

1° Jean d'Estampes de Valençay, marquis d'Estampes, 4 février 1671.
2° Philippe de Béthune, comte de Selles, 12 mars 1658.
3° Une enfant mort-née, 13 juin 1665.
4° Marie de Gruel, femme de Jean d'Estampes, 11 mars 1656.
5° Claude-Charlotte, leur fille, 11 octobre 1637.

La chapelle de gauche, dite de *Saint-Vincent de Paul*, sépulture des la Meilleraye.

Un baril en fonte contenait les entrailles du duc de la Meilleraye, décédé au grand Arsenal, le 8 février 1664.

Le corps de Georges Cadoudal y fut placé après son exécution (1804), et y demeura jusqu'en 1814, où il fut transporté en Vendée.

Des inscriptions, malencontreusement rétablies telles qu'elles étaient avant la révolution, puisque, les monuments étant détruits, elles sont une lettre morte, apprenaient que les cœurs de Louis XIII, à droite, et de Louis XIV, à gauche, y étaient déposés.

Deux anges d'argent, rehaussés d'ornements en vermeil, soutenaient une boîte qui renfermait le cœur de ces princes, la couronne qui la surmontait, et la boîte également en vermeil. Jacques Sarrazin avait exécuté le premier monument, et Coustou le jeune le second.

Le conseil de fabrique, dans sa séance du 17 août 1806, invita Bonaparte à placer dans sa chapelle des Tuileries les quatre anges d'argent de l'église Saint-Louis des Jésuites, déposés jusque-là aux Petits-Augustins (1).

(1) Une décision ultérieure, celle-ci n'ayant pas eu d'exécution, les destina à orner la chapelle de Pie VII, à Fontainebleau. Où sont-ils aujourd'hui?

M. Denys de Hansy paraît avoir trop ajouté foi aux dépositions d'un bas officier de l'église qui prétendait que les cœurs des deux rois avaient été enveloppés de linges et enterrés dans le passage Saint-Louis, au bas des marches de la porte de l'église. Le fait serait sujet à contestation; mais il n'en est pas besoin ici, puisqu'on lit dans Jacquemart (1) que les cœurs de ces princes avaient été, par ordre de Louis XVI, transportés au Val-de-Grâce, fait qui se trouve également rapporté dans les mémoires du P. Lenfant (2). L'auteur confirme encore notre sentiment en citant un procès-verbal constatant que Petit-Radel les avait enlevés du Val-de-Grâce, où ils étaient déposés pendant la révolution et les avait remis à M. de Dreux-Brézé, et au comte de Pradel, intendant de la liste civile sous la Restauration.

II. SÉPULTURES DES JÉSUITES.

Entre la chaire et le banc de l'œuvre, une dalle non scellée donne entrée, au moyen d'un escalier en pierre, aux grands caveaux qui servaient de sépulture aux religieux de la Compagnie de Jésus.

Le caveau principal, n° 1, occupe la partie de la nef comprise sous le dôme; deux autres caveaux, n°s 2 et 3, s'étendent sous la chapelle de la Sainte Vierge, et deux autres, n°s 4 et 5, sous la chapelle qui lui fait face. Une ouverture en forme de puits, à gauche de l'escalier, conduit à deux caveaux parallèles qui s'étendent jusqu'au passage Saint-Louis, n°s 6 et 7; dans ce dernier se trouve un escalier sans issue (3).

Les corps sont en pleine terre, la tête sans doute tournée contre le mur; des plaques de plomb (ou même des ardoises), fixées au mur par un clou, portent au repoussé le nom du religieux et la date de sa mort; le plus souvent ce sont les seules indications qu'elles fournissent.

(1) Remarques historiques sur les églises supprimées, etc., 1791.
(2) Confesseur de Louis XVI.
(3) Voir planche II.

GRAND CAVEAU.

(MUR N° 1.)

1. P. Nicolas Lafontaine, 1er janvier 1741 (1).
2. P. Thomas Gouye, 24 mars 1725.
3. P. Louis Saigne, 16 avril 1683.
4. P. Marin, 26 février 1702.
5. P. Meunier, 12 décembre 1682.
6. P. Jean François Anjalran, 8 mars 1740.
7. P. Eustache, 1er avril 1716.
8. P. Gaspard Séguiran, 21 novembre 1644.
9. P. François Xavier de Coëtlogon, 26 janvier 1743.
10. P. Nouët, 21 mai 1680.
11. P. Brossamin, 2 septembre 1702.
12. P. François Annat, 14 juin 1670.
13. F. André Gourdan, 3 mars 1740.
14. F. Etienne Gobert, 24 juillet 1751.
15. P. Hazon, 25 janvier 1717.
16. P. Saint Pierre, 19 juin 1701.
17. P. Jean Philippeaux, 2 août 1643.
18. P. René Joseph Tournemine, 16 mai 1739.
19. P. Claude Crest, 1668.
20. P. Grave, 7 février 1717.
21. P. François N. Pallette, 7 avril 1670.
22. P. Valois, 12 septembre 1700.

(MUR N° 2.)

23. P. Jean Luisset, 10 décembre 1670.
24. P. Jean Cornet, 9 mars 1645.
25. P. Guillaume Duménil, 17 février 1650.
26. P. Guillaume Lebrun, 7 mai 1758.

(MUR N° 3.)

27. P. Desdéserts, 7 juin 1685.
28. F. Jean Baptiste Chevalier, 26 mai 1754.
29. P. Vigier, 15 décembre 1647.
30. F. Lenain, 6 avril 1718.

(1) *P. abréviation de Père; F. de Frère.*

31. P. Vertemont, 26 juillet 1686.
32. P. Gabriel Ormangey, 15 mai 1750.
33. P. Sébastien Marchand, 22 juillet 1646.
34. F. Guillaume Drogue, 12 mars 1745.
35. F. Ferry, 12 juin 1701.
36. P. Jean Radominski, 18 janvier 1756.
37. P. Nicolas Lombard, 5 mars 1646.
38. P. François Tacon, 13 mars 1665.
39. F. Louis Mégard, 21 octobre 1745.
40. P. Claude Nicolas Delamorlière, chanoine de Sainte-Geneviève, 30 mars 1774.
41. F. Claude François Moineau, 10 avril 1755.
42. P. B. de Montreuil, 15 janvier 1646.
43. P. Anne Joseph Delaneuville, 4 avril 1750.
44. P. Jobert, 30 octobre 1719.
45. F. Pierre Baynon, 25 janvier 1756.
46. P. Jean Charles de Couvigni, 19 novembre 1745.
47. P. Robineau, 21 septembre 1702.
48. F. Louis Vatbleq, 12 avril 1755.
49. P. Alexandre Jarry, 2 novembre 1645.
50. P. Hubert du Halde, 6 octobre 1749.
51. P. Guillaume Ségaut, 19 décembre 1718.
52. F. Etienne Valarcher, 24 mai 1756.
53. P. Antoine François Lefévre, 16 septembre 1757.
54. P. Labbe, 1ᵉʳ avril 1720.
55. P. Jacques Brisson, 14 décembre 1745.
56. F. Etienne Simonin, 11 janvier 1679.
57. P. Jean Chauveau, 20 avril 1755.
58. P. Voisin, 12 novembre 1687.
59. P. Philippe Lallemant, 24 août 1748.
60. P. Charles de Laistre, 20 octobre 1720.
61. P. François Despares, 27 octobre 1756.
62. P. Louis François Clavier, 25 janvier 1758.
63. P. Benoise, 27 janvier 1688.
64. P. Edmond Rivière, 5 mai 1746.
65. P. Magnan, 10 décembre 1705.
66. F. Louis Caillé, 22 mars 1749.
67. P. Jacques Audry, 10 décembre 1650.
68. P. Claude Bertrand de Lynières, 31 mai 1746.
69. F. Nicolas Lemaistre, 22 mars 1739.
70. M. l'évêque d'Avranches (Daniel Huet), 26 janvier 1721.
71. P. Bullioud, 10 mai 1651.
72. P. Joseph Stanislas Allec, 28 mai 1748.

73. P. Giroust, 19 octobre 1689.
74. P. Alexandre Roger, 17 février 1757.
75. P. Etienne Charlet, 26 octobre 1652.
76. P. Ménestrier, 10 janvier 1705.
77. P. Bertrand Rivals, 27 novembre 1746.
78. P. Nicolas Caussin, 15 juillet 1651.
79. P. Charles Nicolas Frémont, 5 avril 1759.
80. F. Nicolas Bissaut, 6 février 1652.
81. P. Pierre Joseph Arthvy, 9 octobre 1725.
82. P. Claude Lingendes, 12 avril 1660.
83. P. Jacques Lambept, 24 mai 1670.
84. P. Jean Delabarre, 10 janvier 1680.
85. P. Duhamel, 21 octobre 1680.
86. P. Bernard Gauvet, 14 décembre 1746.
87. P. Nicolas Saraba, 17 avril 1759.
88. F. Adrien Lapostolle, 16 février 1725.
89. P. François Lefévre, 14 mai 1757.

(MUR N° 4.)

90. F. Letanneur, 1er septembre 1725.
91. P. Pierre de Govil, 25 janvier 1758.
92. F. Antoine Lemore, 27 février 1741.
93. F. François Fournier, 3 mars 1651.
94. P. Joseph Isaac Berruyer, 18 février 1758.

(MUR N° 5.)

95. P. Michel Rabardeau, 24 janvier 1649.
96. P. François de Paule Bretonneau, 22 mai 1741.
97. P. A. Charpentier, ... 1684.
98. P. Michel Favereau, 16 août 1648.
99. P. Charles Paulin, 12 avril 1653.

CAVEAU N° 2.

(MUR N° 1.)

100. P. Fontaine, 6 avril 1692.
101. P. Lefort, 24 décembre 1713.
102. P. Louis Roy, 19 avril 1671.

(MUR N° 2.)

103. P. Etienne Chamillard, 1 juillet 1730.
104. P. Dubois, 21 décembre 1690.
105. P. Jacques Bordier, 17 août 1672.

106. P. Gonnelieu, 28 février 1715.
107. F. Brunet, 25 avril 1691.
108. P. Jean-Baptiste Du Halde, 18 août 1743.
109. P. L. Pise Joseph de Blainville, 12 février 1752.
110. P. Lefort, 14 décembre 1713.
111. P. Henri Iugré, 12 octobre 1672.
112. P. du Trévou, 1er juillet 1729.
113. P. Mouret, 6 avril 1691.
114. P. Quentin, 28 novembre 1712.
115. P. Pierre Forgerays, 14 octobre 1743.
116. P. Jean Bagot, 23 avril 1644 (?).
117. F. Clément Jalladon, 25 juillet 1752.
118. P. Charles-Henri Forget, 5 avril 1729.
119. P. de Goulaine, 51 mars 1691.
120. P. Crasset, 4 janvier 1692.
121. P. Sylvain Pérusseault, 30 avril 1755.

(MUR N° 3.)

Néant.

(MUR N° 4.)

122. P. Claude Hardi, 20 février 1661.
123. P. Charles de Monthiers, 8 janvier 1729.
124. P. Charles-Joseph Tainturier, 4 novembre 1755.
125. P. Montescot, 30 janvier 1710.
126. P. André Castillon, 25 mai 1671.
127. P. Gabriel Daniel, 23 juin 1728.
128. F. Suhard, 12 novembre 1666.
129. P. Charles Kennet, 26 avril 1728.
130. P. Damonville, 27 septembre 1709.
131. P. Jean-Baptiste Ragon, 11 décembre 1670.
132. P. Jourdan, 7 février 1692.
133. P. de Brillac, 11 juillet 1709.

CAVEAU N° 3.

(MUR N° 1.)

134. P. de la Chaise, 20 janvier 1709.
135. P. Georges Savalette, 7 août 1753.
136. F. Morice Watien, 4 août 1762.
137. P. Dozanne, 19 janvier 1709.
138. P. Longueval, 14 janvier 1735.
139. P. Pierre Chamillard, 5 avril 1735.
140. P. Héraut, 15 janvier 1709.
141. P. Proust, 5 novembre 1694.

(MUR N° 2.)

Néant.

(MUR N° 3.)

142. P. Nicolas Chatillon, 20 mars 1759.
143. P. Dinville, 10 septembre 1708.
144. P. Borinet, 27 avril 1695.
145. P. Charles Riglet, 7 mars 1733.
146. P. le Gobien, 6 mars 1708.
147. P. Louis Raffard, 28 août 1759.
148. P. Delamèche, 30 octobre 1706.
149. F. Jean-Louis Ancelin, 13 novembre 1760.
150. P. Dutertre, 9 avril 1697.
151. P. Aymeret, 14 juin 1706.
152. P. P.-T. Pallu, 7 juin 1697.
153. P. J.-B. Duvaurouy, 24 janvier 1759.
154. P. Charles Amiot, 21 mai 1762.
155. F. Pierre Pailloux, 12 mai 1731.
156. P. Verjus, 16 mai 1706.

(MUR N° 4.)

Néant.

CAVEAU N° 4.

(MUR N° 1.)

Néant.

(MUR N° 2.)

157. P. Delaroché, 26 octobre 1699.
158. F. Gérard Collet, 22 mai 1742.
159. F. F. Grosbois, 29 juillet 1678.
160. P. Jacques de la Baune, 21 octobre 1725.
161. P. Martin Pallu, 21 mai 1742.
162. P. Louis Orry, 19 juillet 1726.
163. P. Jean-Baptiste Geoffroy, 30 octobre 1675.
164. P. Pierre des Champes, 9 septembre 1726.
165. P. de la Bourdonnaye, 27 avril 1699.
166. P. Jean-Baptiste de Bélingan, 9 mars 1743.

(MUR N° 3.)

Néant.

(MUR N° 4.)

167. P. Chennevelie, 3 septembre 1699.
168. F. Jacques Potel, 18 mai 1727.

169. P. Pierre Brumoy, 16 avril 1743.
170. P. Bourdaloue, 13 mai 1704.
171. P. Louis-François de la Marguerie, 6 février 1742.
172. F. Leclerc, 17 mai 1704.
173. P. Honoré Gaillard, 11 juin 1727.

CAVEAU N° 5.

(SUR LE MUR N° 3.)

174. P. Sacadinot, 22 décembre 1663.

Les autres n'ont pas d'inscriptions ; dans le caveau sont vingt-trois cercueils en plomb, la plupart déchirés; cinq portent les épitaphes de :

175. 1° Mr Perrault, baron de Milly, 19 avril 1631.
176. 2° Marie-Marguerite de Lorraine d'Elbeuf, 7 août 1679.
177. 3° Catherine-Henriette, légitimée de France, duchesse d'Elbeuf, 20 juin 1663.
178. 4° François Gascoin, gentilhomme de la chambre du Roy, 15 février 1604.
179. 5° Jeanne Jappin, veuve de François Chaillou, 20 mars 1703.

CAVEAU N° 6.

(MUR N° 1.)

180. Damoiselle Guillouet, 9 avril 1647.
181. P. Ignace Armand, 8 décembre 1638.

(MUR N° 2.)

182. P. Etienne-Honoré Desconseils, 30 septembre 1741.
183. F. Thomas Etienne, 24 mai 1740.

CAVEAU N° 7.

(MUR N° 3.)

184. P. Lemoine, 23 août 1671.
185. M. Roy, 8 novembre 1653.

Une plaque de marbre, contre un pilier du dôme, rappelle que *Bourdaloue* repose dans cette église ; une autre plaque, au pilier correspondant, indique que *Huet*, comme l'illustre sermonnaire, a sa sépulture dans les cryptes, l'un et l'autre au-dessous du marbre. En 1860, des petits-neveux de Bourdaloue, en souvenir de leur mariage, célébré à Saint-Paul, ont fait poser sur l'endroit où il repose, dans la crypte, une table de marbre noir.

III. Inscriptions tumulaires de la nef.

Antoine *Sermenté*, chanoine régulier, 9 octobre 1787.
Laurent *de Gironde*, chanoine régulier, 5 novembre 1786.
Claude-Nicolas *Delamorlière*, chanoine régulier, 30 mars 1774 (1).
Jean *François*, chanoine régulier, 8 mai 1776.
Jean-Jacques *Chenard*, chanoine régulier, 11 septembre 1788.

Sur une dalle du chœur on lit l'épitaphe suivante :

> Hic condita sunt viscera reverendissimi in Chrito *(sic)* Patris
> Caroli *Faure,*
> Sanctæ Genovefæ Parisiensis abbatis,
> Canonicorum regularium congregationis gallicanæ primi
> Præpositi generalis, qui, dum vixit, filios suos intra viscera
> conditit. Obiit die 4 novembris, anno salutis 1644,
> Ætatis 50, professionis 30.

N'oublions pas de rappeler, en terminant, qu'alors les rois avaient leur sépulture à Saint-Denis, les princes du sang aux Célestins, à l'Ave-Maria, à Sainte-Catherine du Val des Écoliers (dont nous évoquerons sans doute aussi un jour les hôtes), et dans bien d'autres églises, et l'on sera forcé de convenir que ce petit coin de terre, aujourd'hui bien ignoré et bien perdu au milieu de la grande ville, renferme cependant beaucoup d'illustrations de ce monde, comme nous l'avons annoncé en commençant ce travail.

(1) On n'a retrouvé dans les caveaux que la sépulture de ce chanoine. (Voir caveau 1, n° 40.)

FIN.

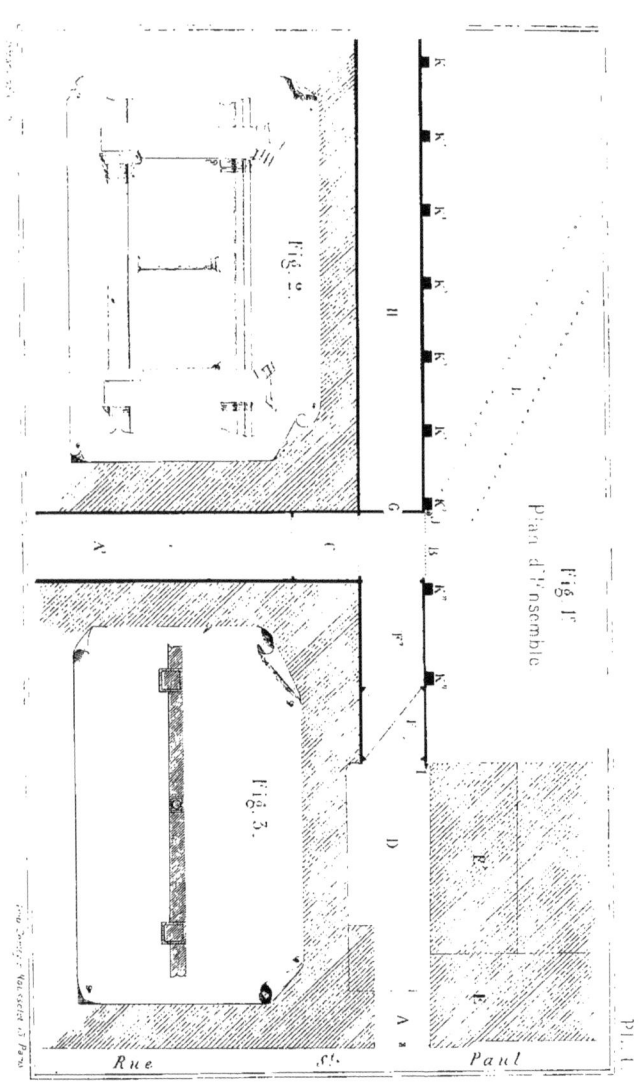

Pl. II

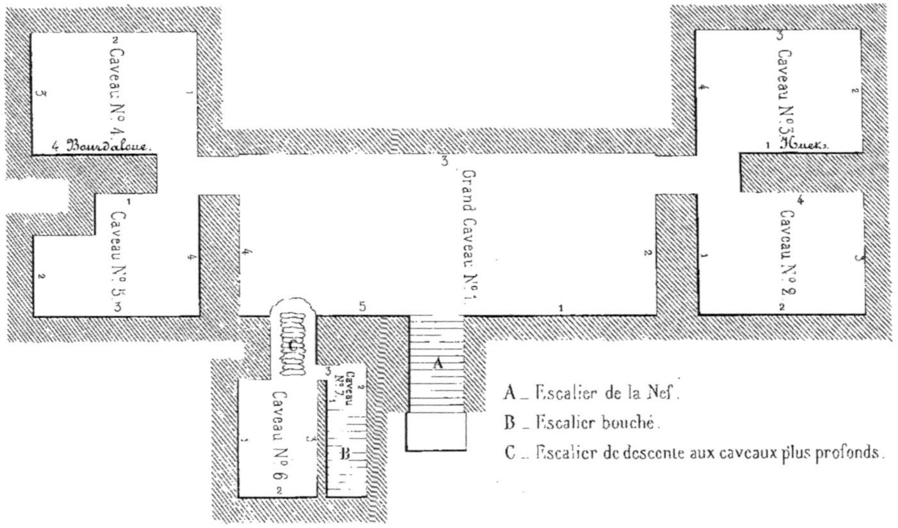

Caveau N° 3 *Mouet*.

Caveau N° 2.

A — Escalier de la Nef.
B — Escalier bouché.
C — Escalier de descente aux caveaux plus profonds.

Grand Caveau N° 1.

Caveau N° 7.

Caveau N° 6.

Caveau N° 4 *Bourdaloue*.

Caveau N° 5.

L. Bénard, lith. d'après M.r D. de Hansy.

Imp. Gorieg, r. Rousselet, 13. Paris

TABLE
DES
MATIÈRES.

                                          PAGES

TITRE.
PLANCHES.
DÉDICACE 1
AU LECTEUR, PAR M. PAUL LACROIX (*Bibliophile* JACOB) 2
LE CHARNIER DE L'ANCIEN CIMETIÈRE SAINT-PAUL 3
APPENDICE :
A. Noms des personnages enterrés sous les charniers 23
B. Vocable des chapelles de l'église de Saint-Paul servant de sépulture de famille 24
C. Personnages célèbres enterrés dans l'église Saint-Paul . . . 25
D. Épitaphes diverses 25
E. Extrait du registre de Toulorge 27
F. Inscriptions des bâtiments de Saint-Paul 29
G. Noms des personnages enterrés à Saint-Paul Saint-Louis . . . 30
    I Sépultures particulières 30
    II. Sépultures des Jésuites 34
    III. Inscriptions tumulaires de la nef 41
TABLE DES MATIÈRES 43

Bruxelles, imp. A. MESSENS et FILS, rue de l'Escalier, 22.

www.ingramcontent.com/pod-product-compliance
Lightning Source LLC
LaVergne TN
LVHW021743080426
835510LV00010B/1329